I0829421

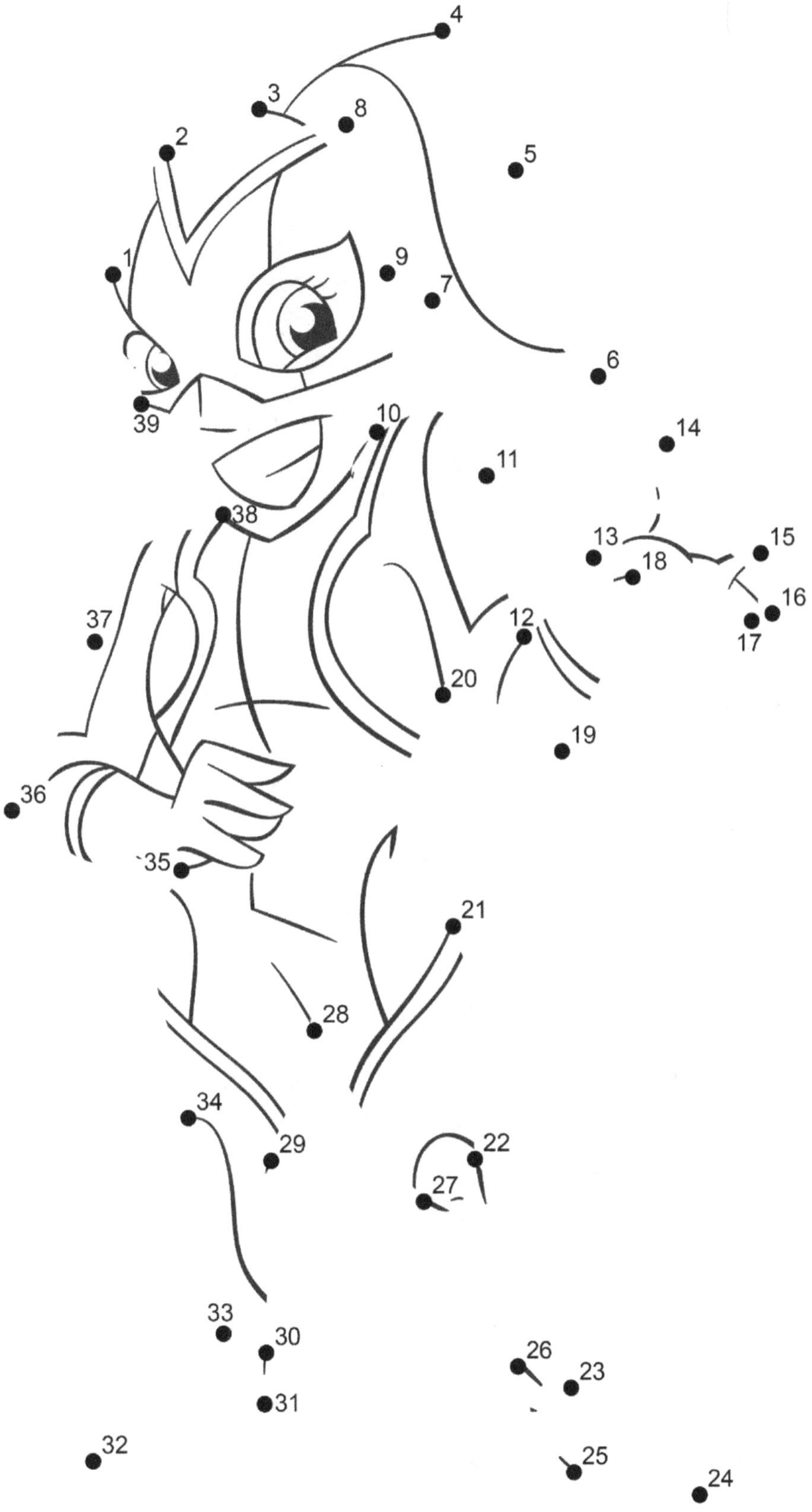

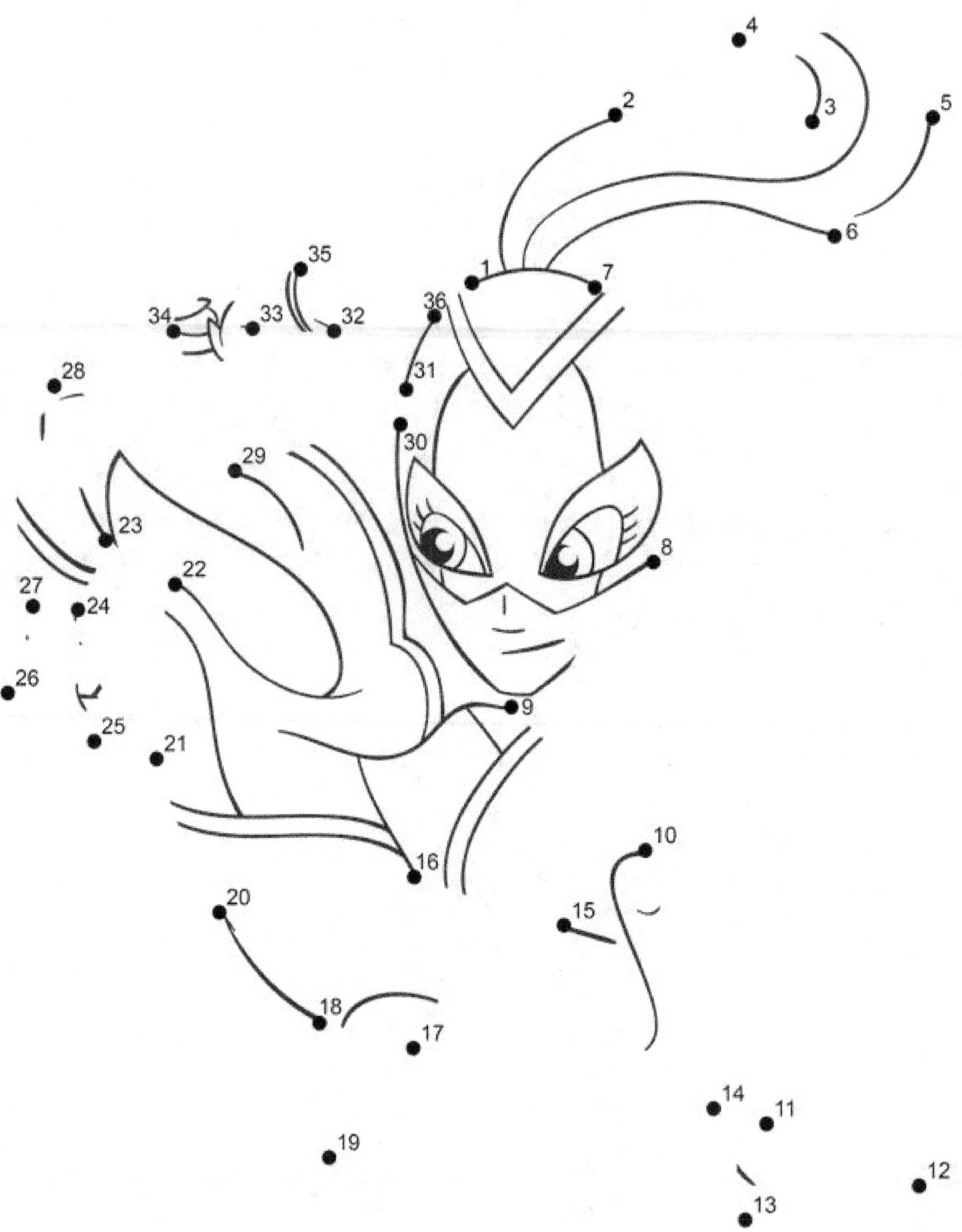

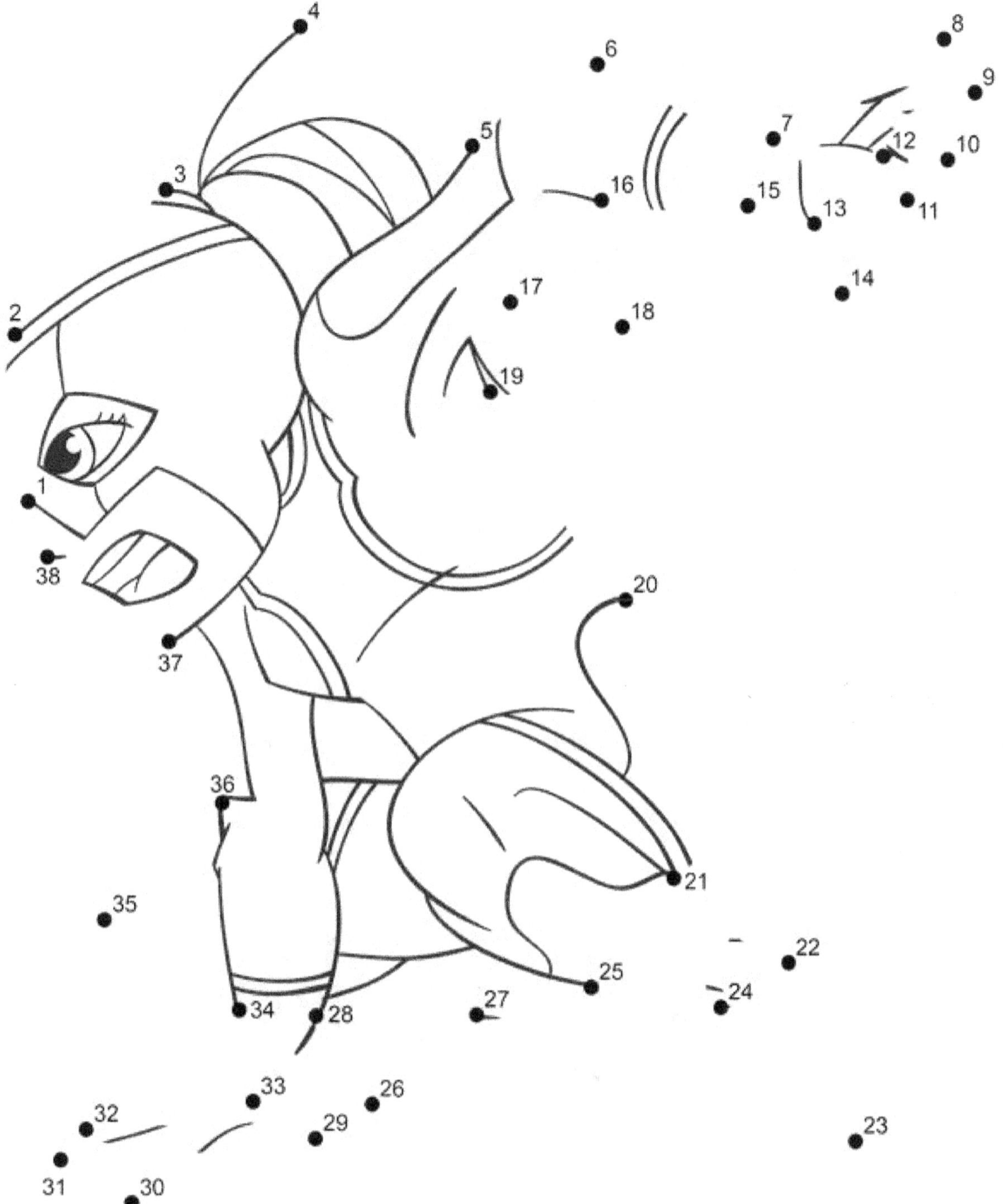

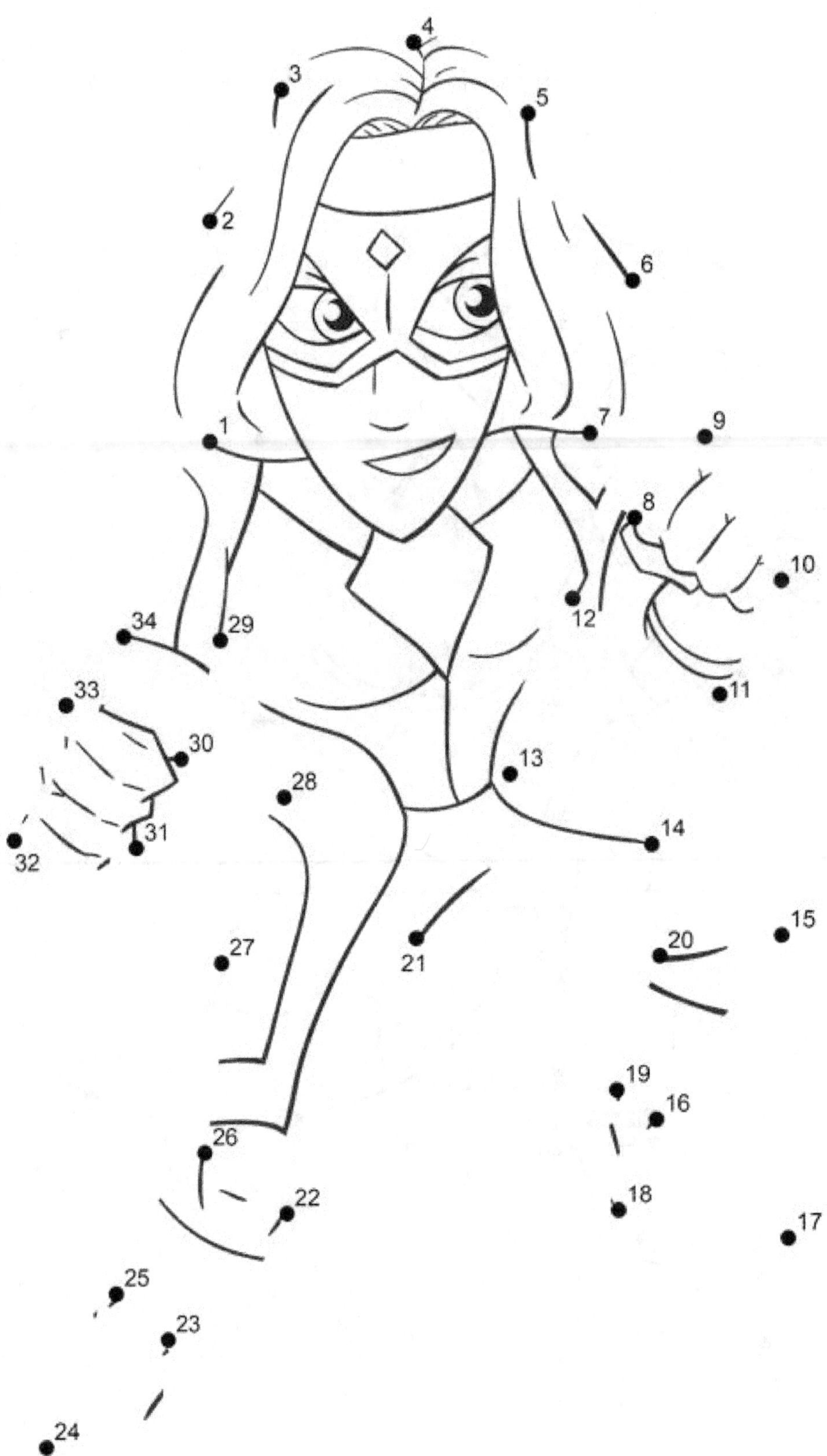

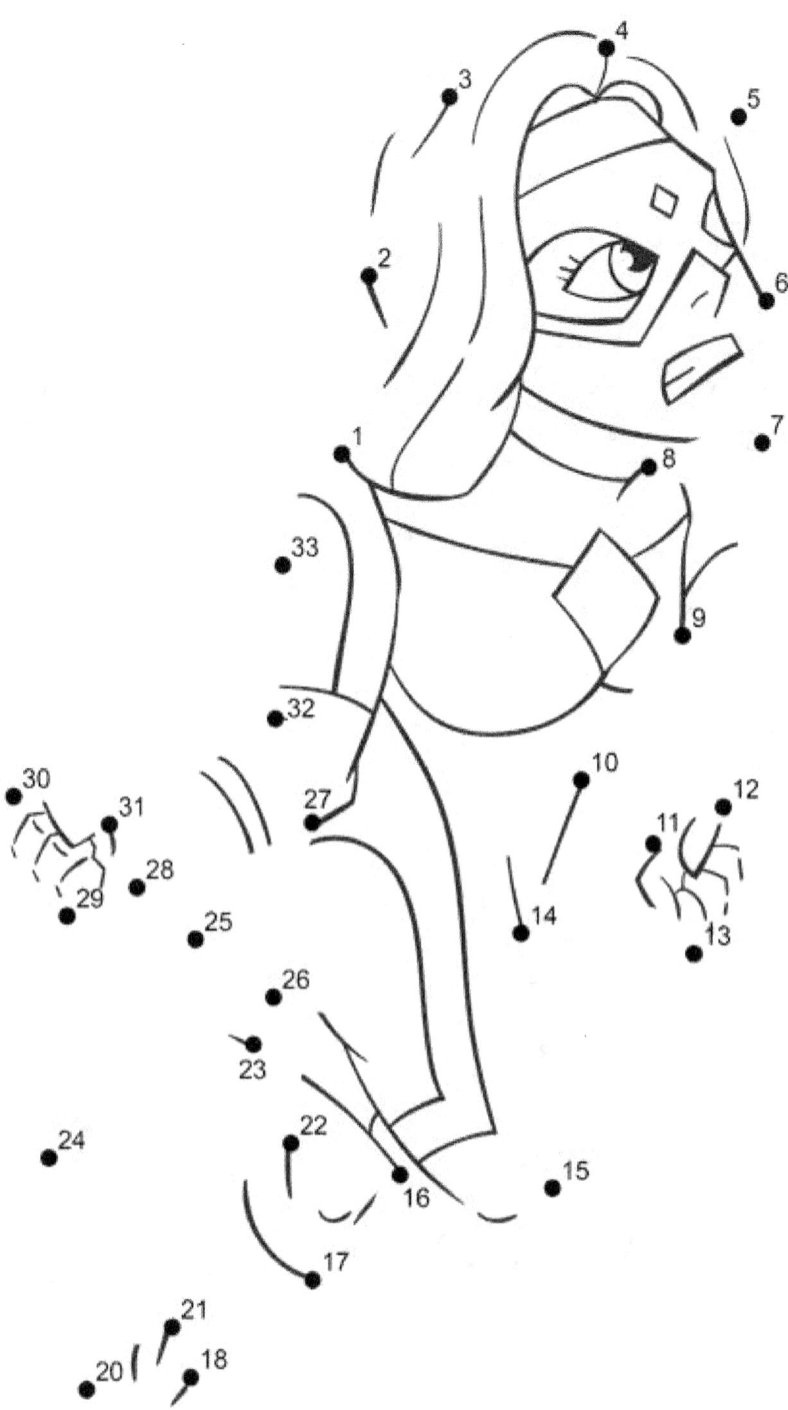

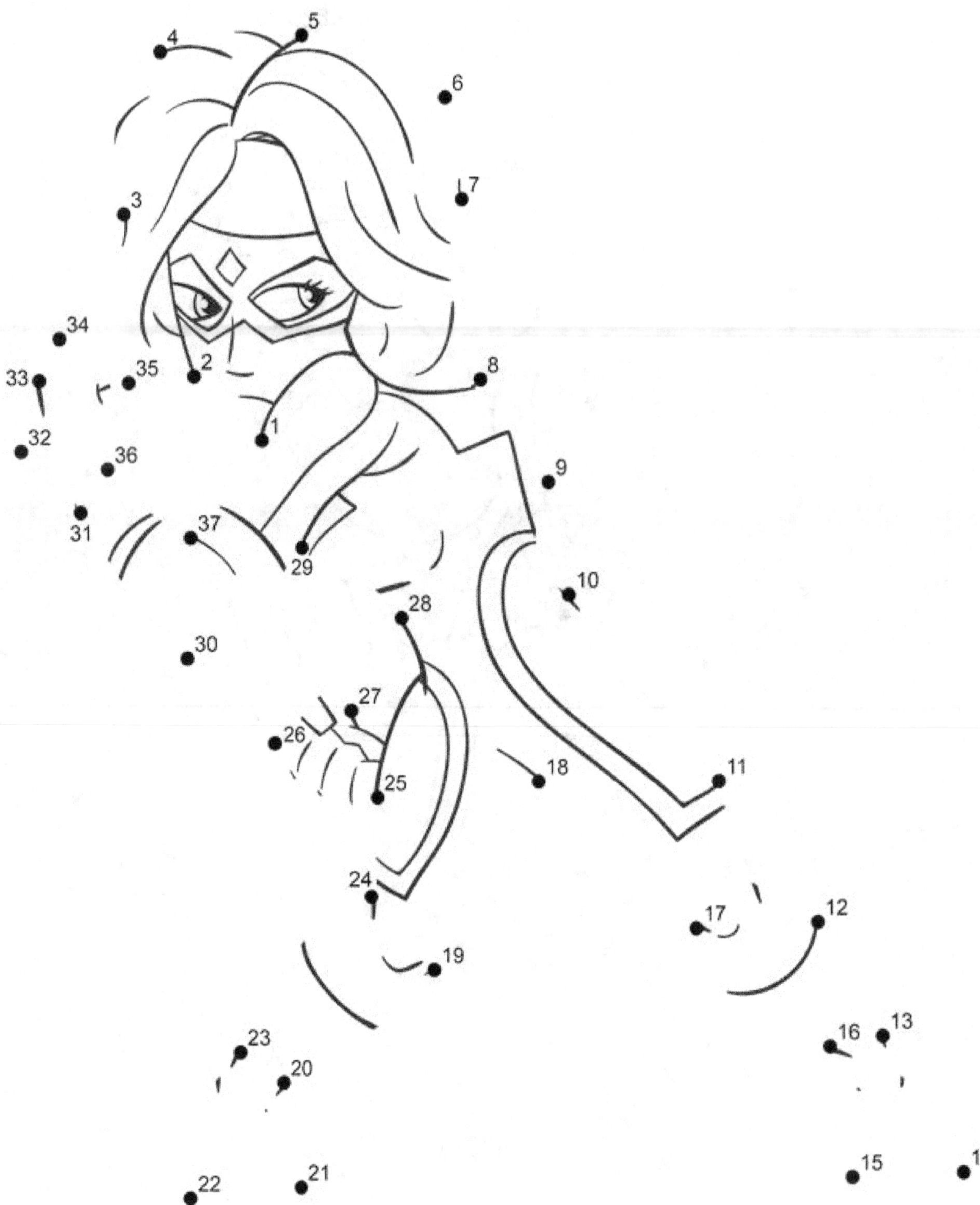

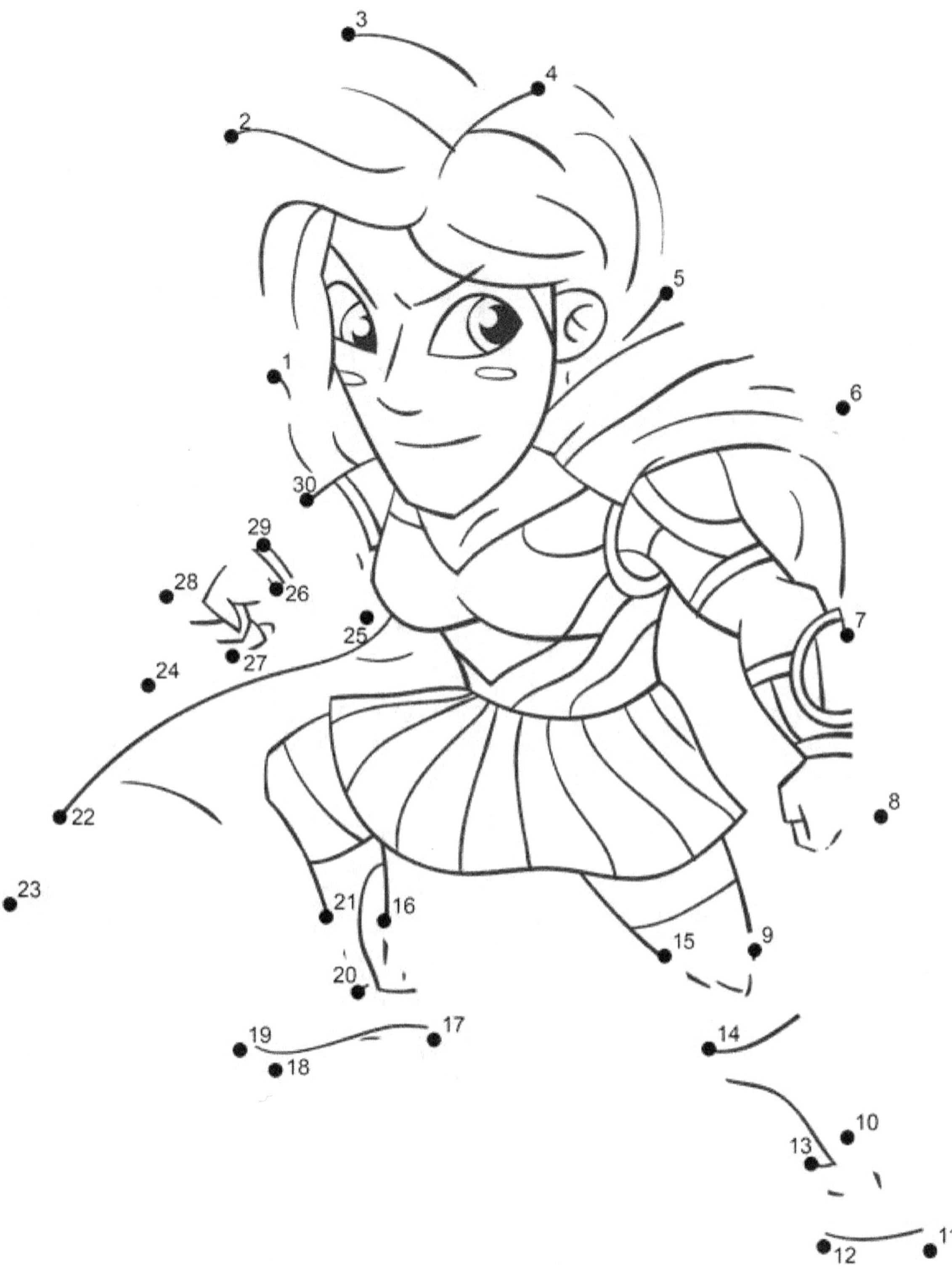

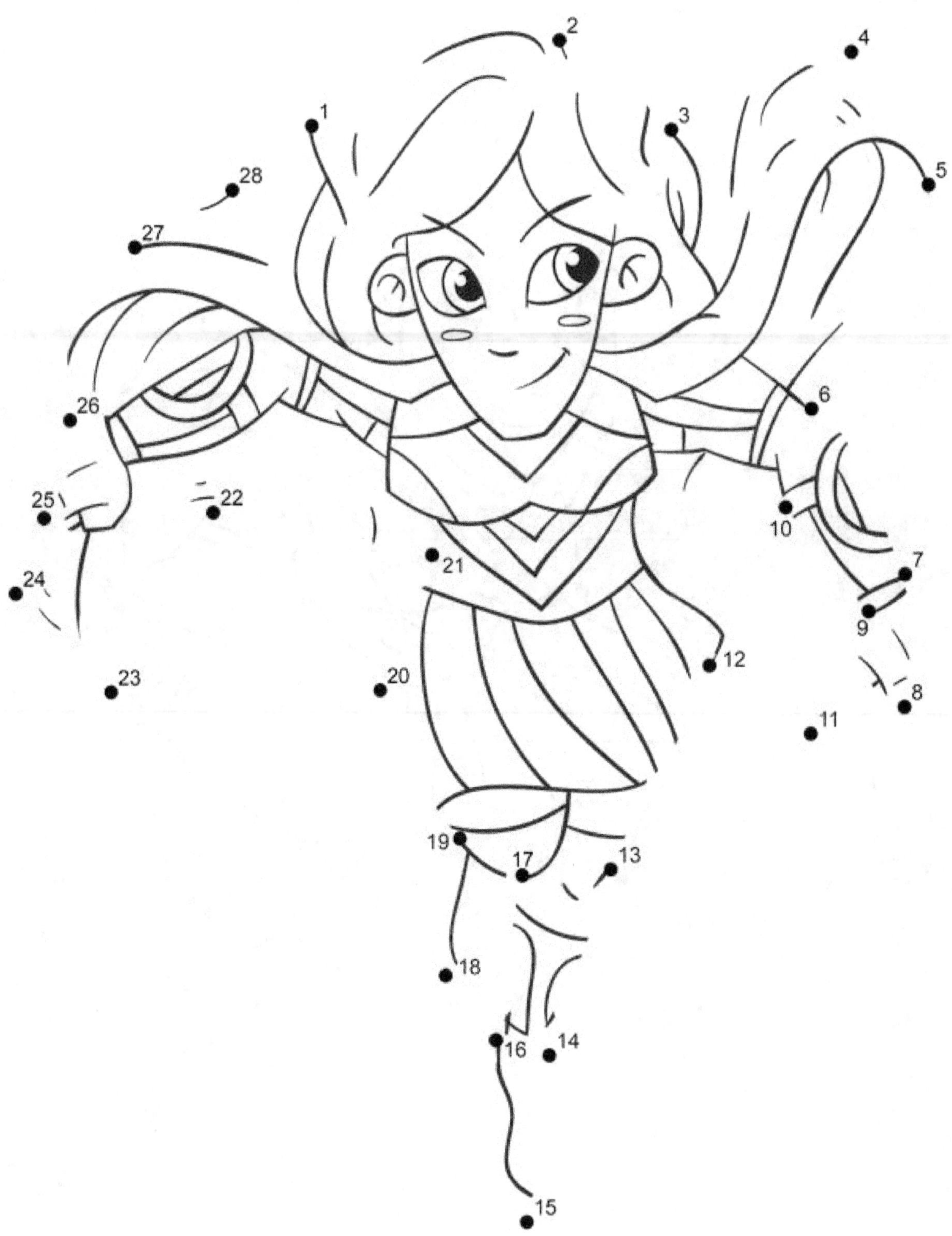

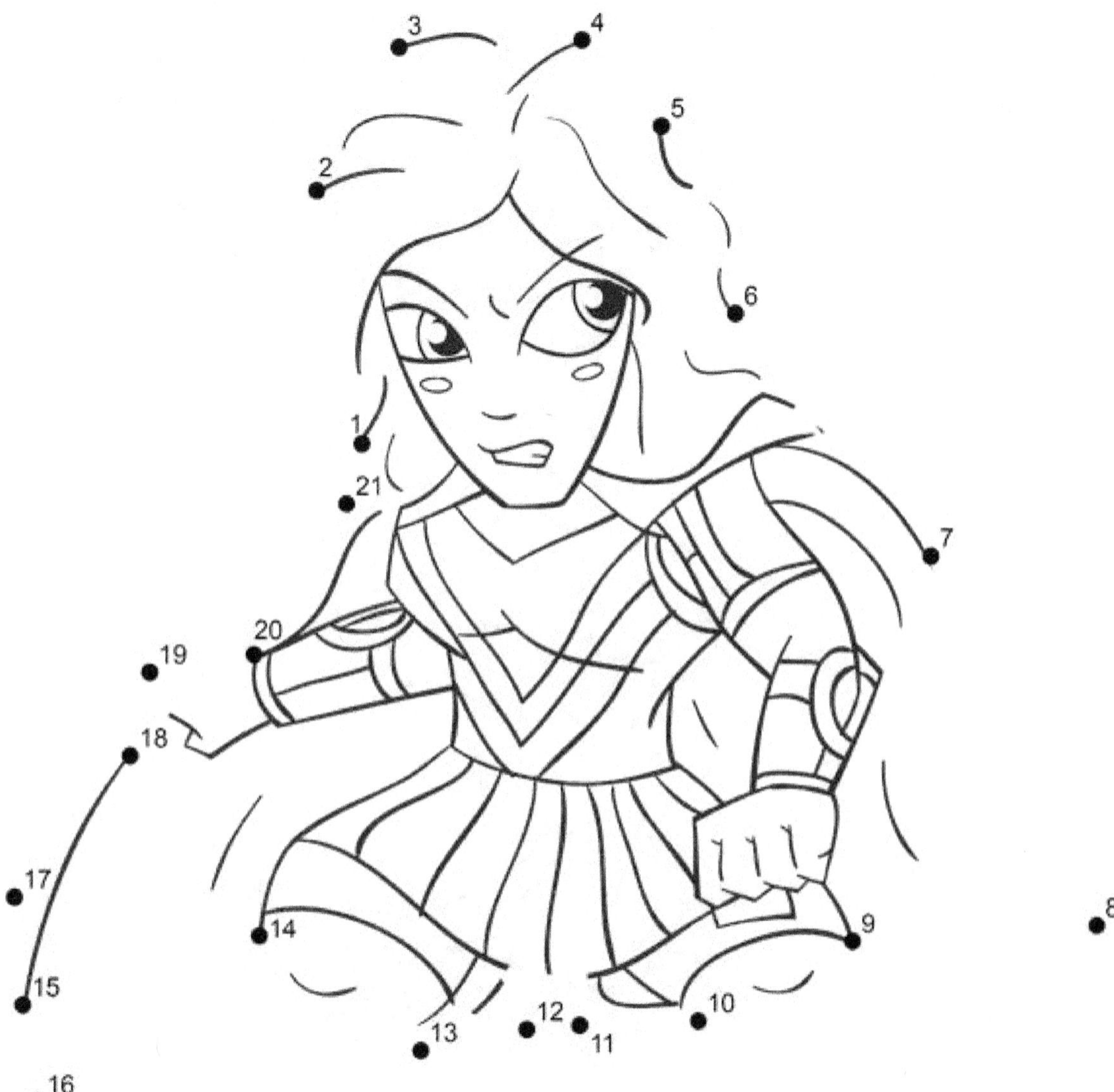

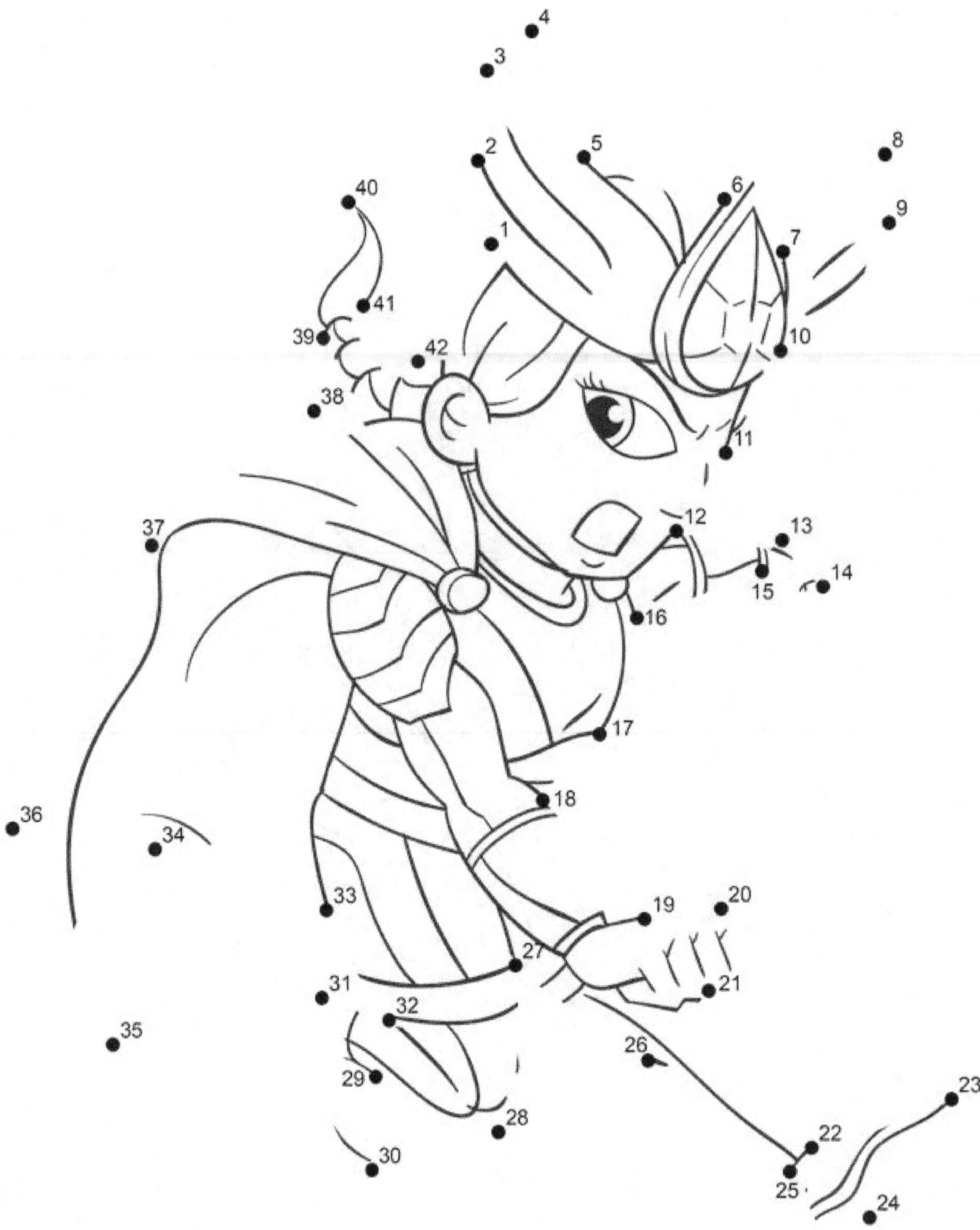

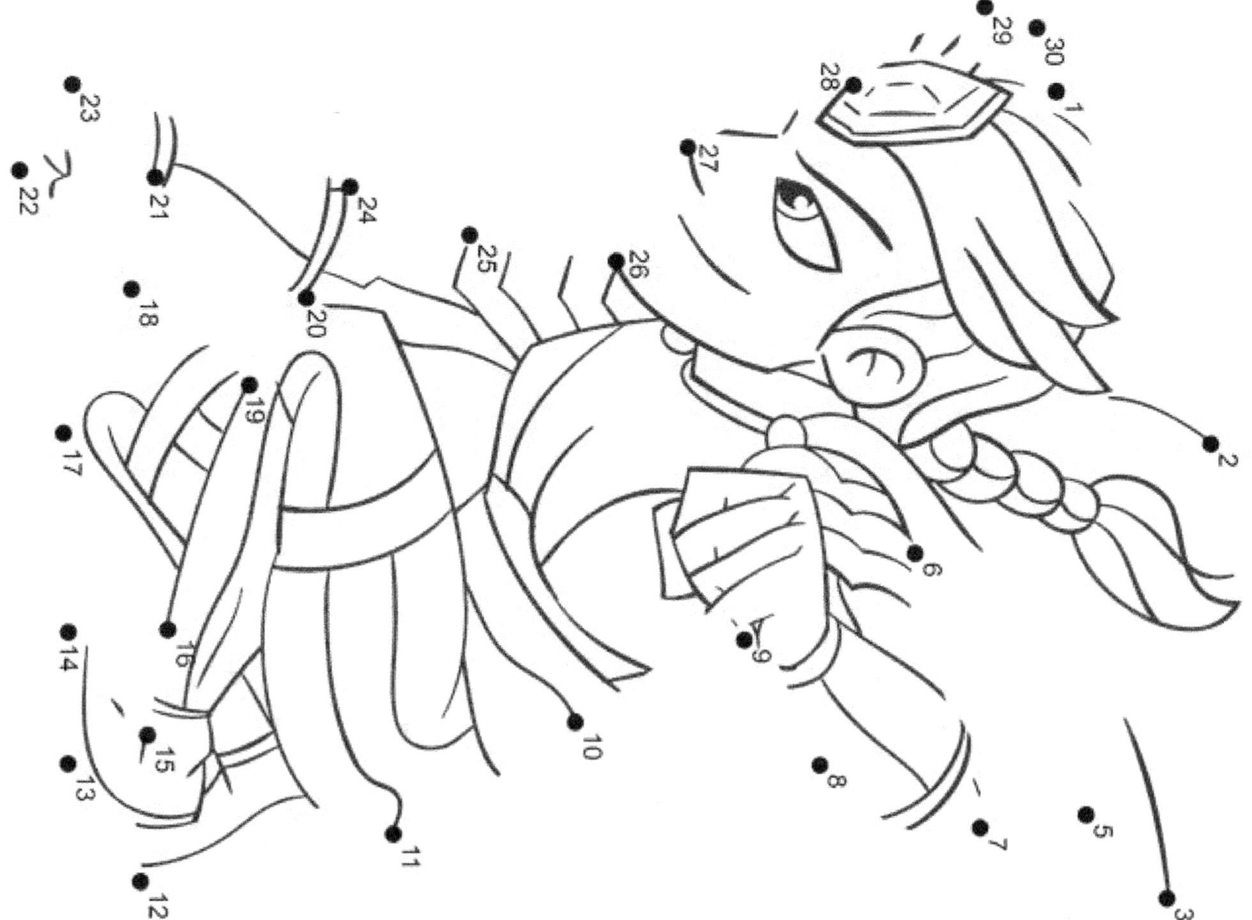

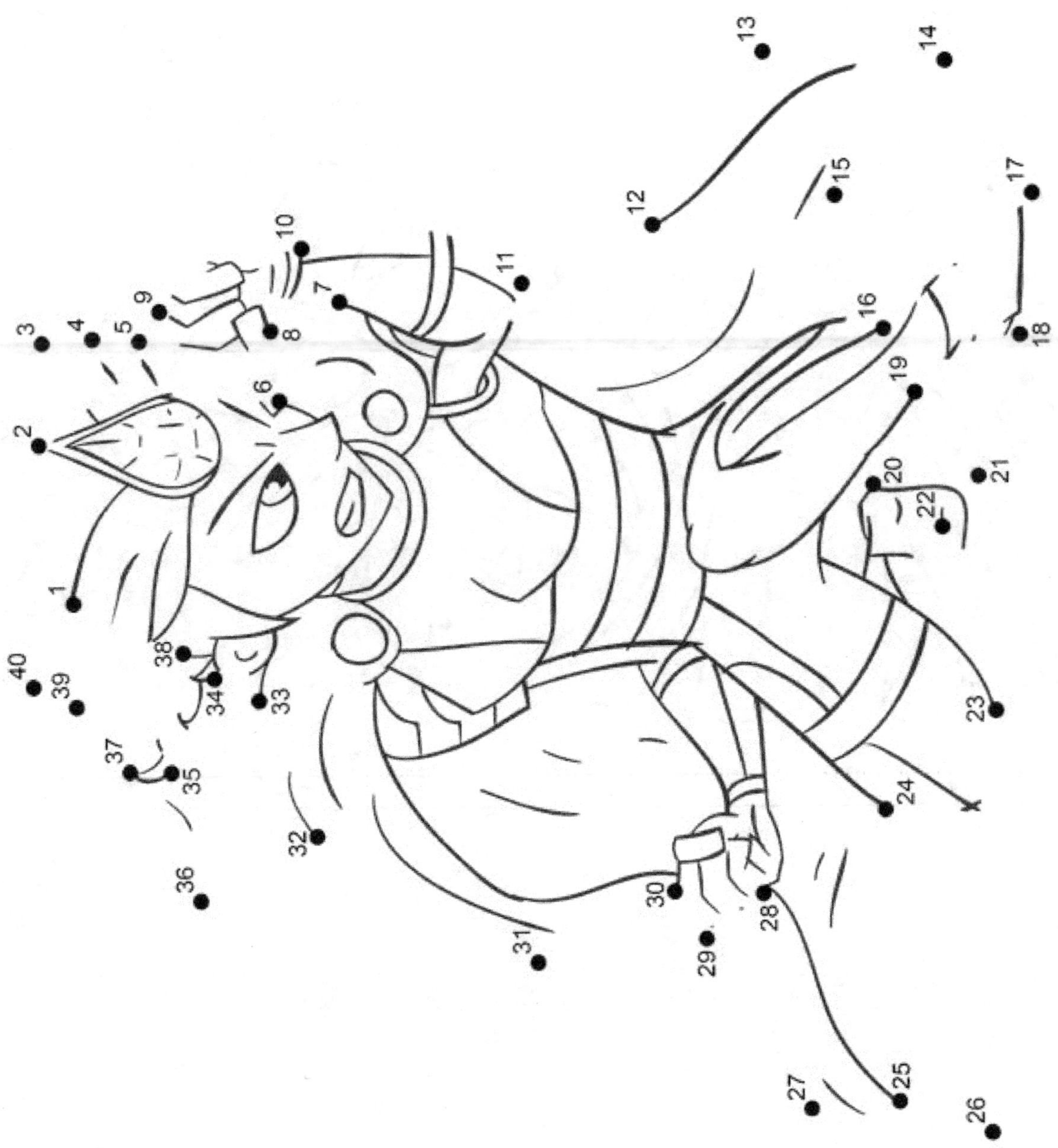

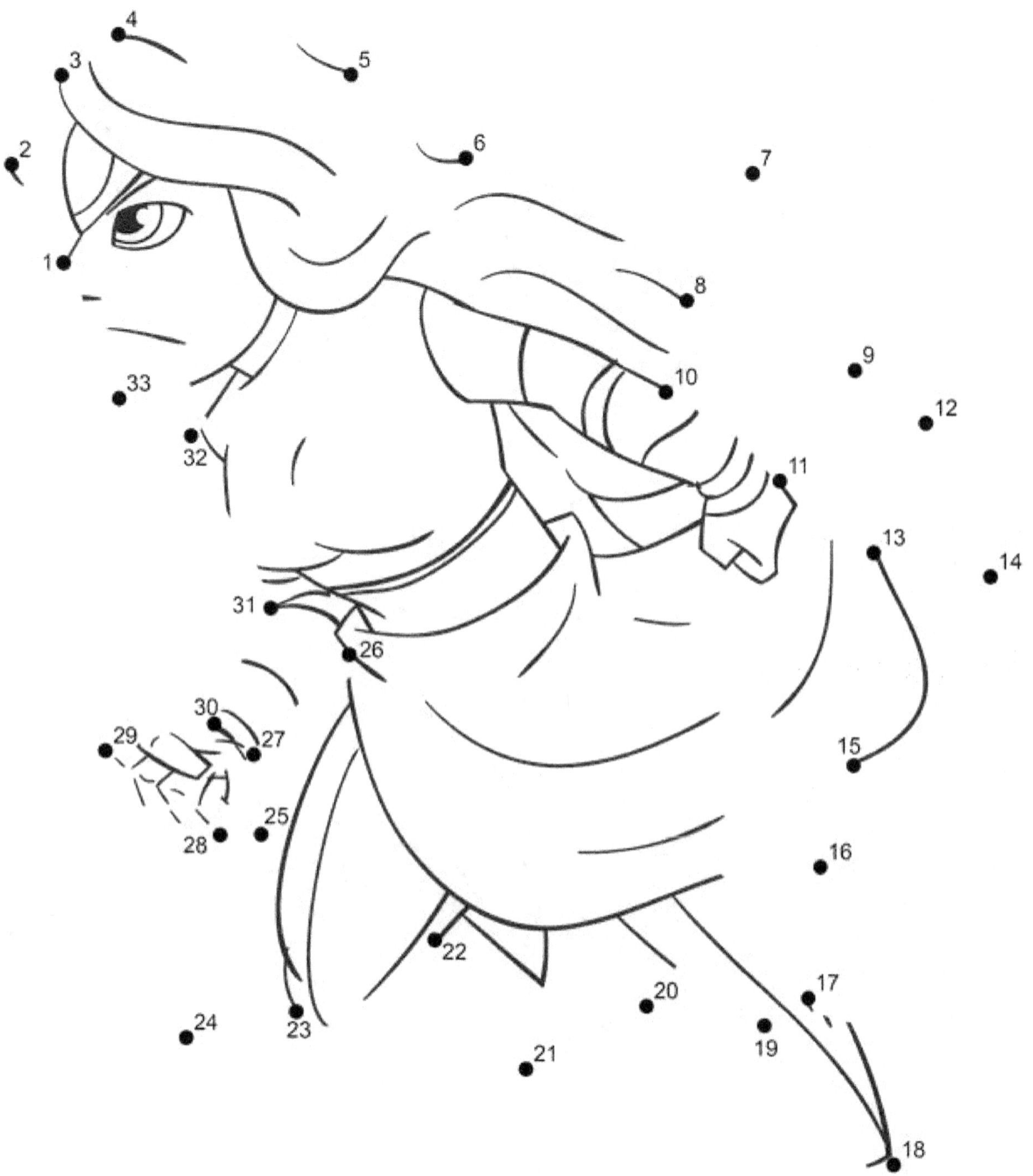

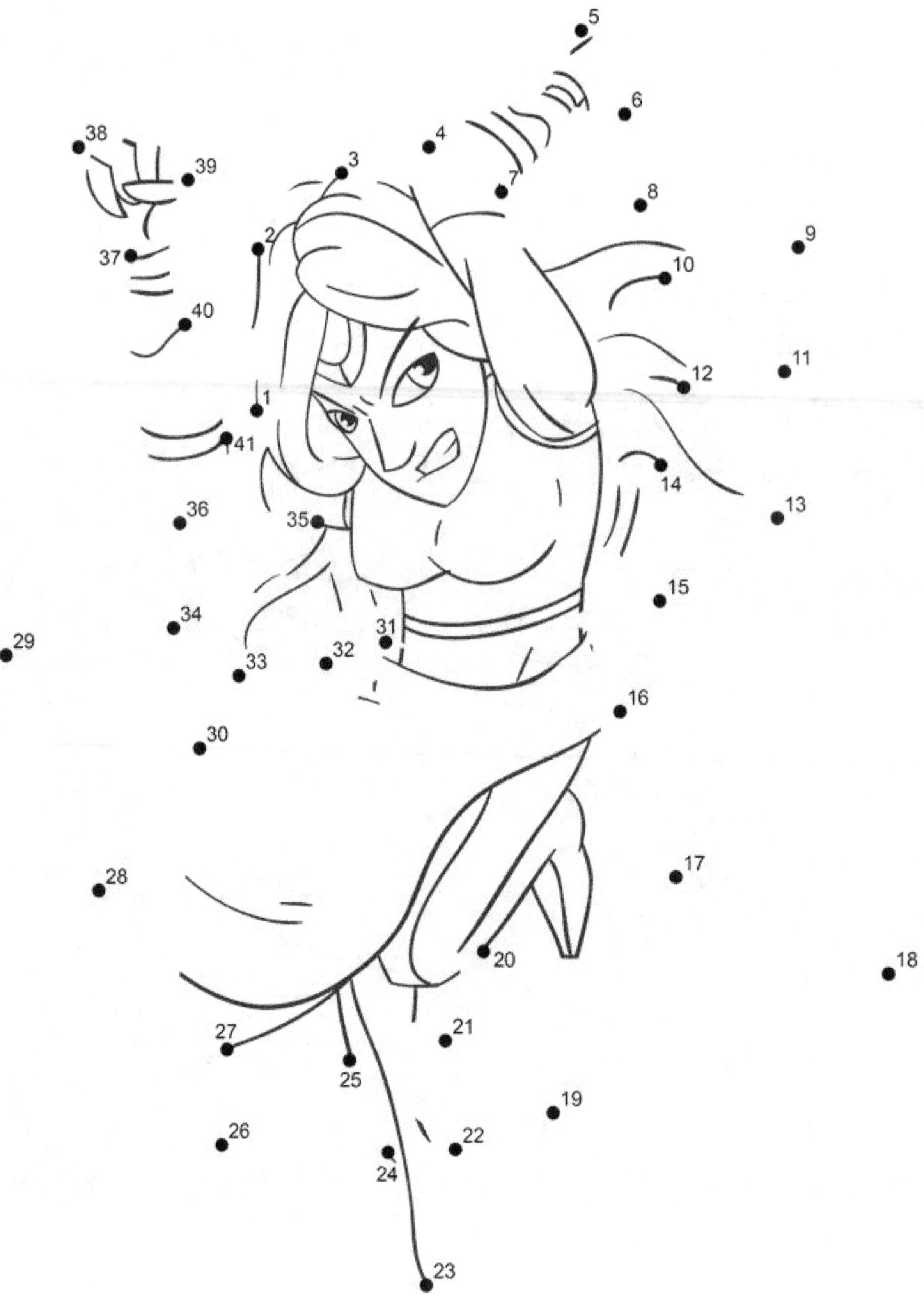

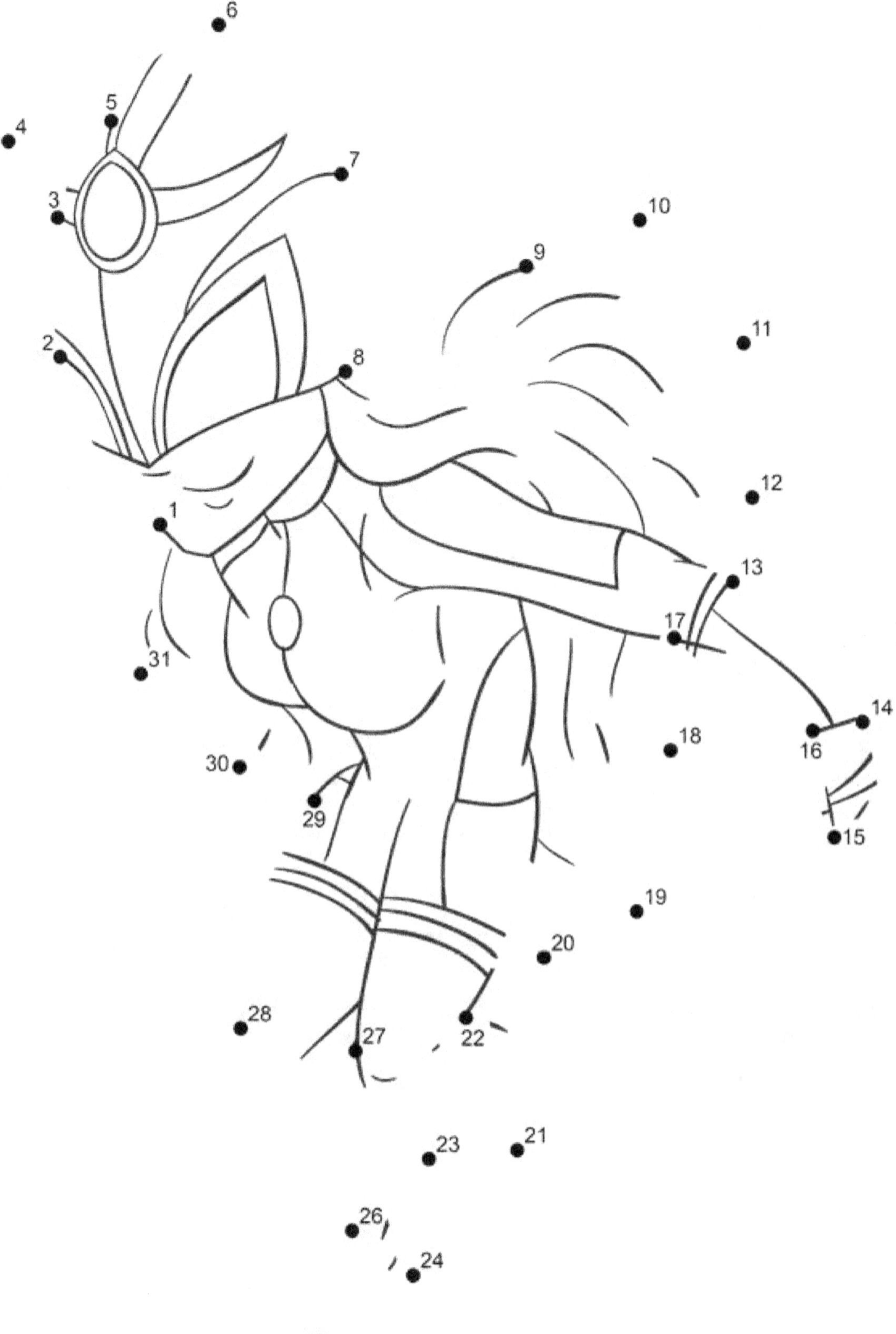

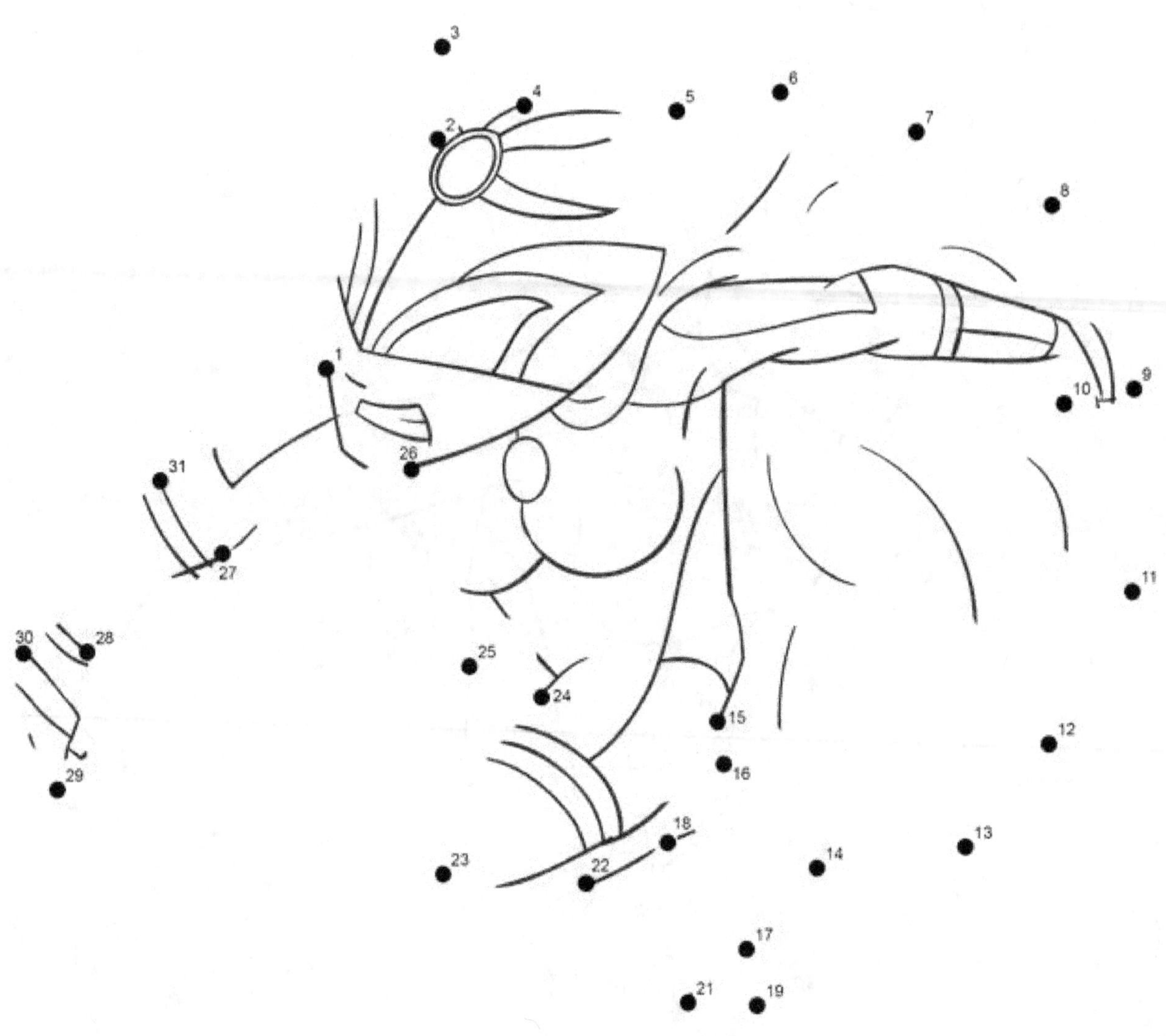

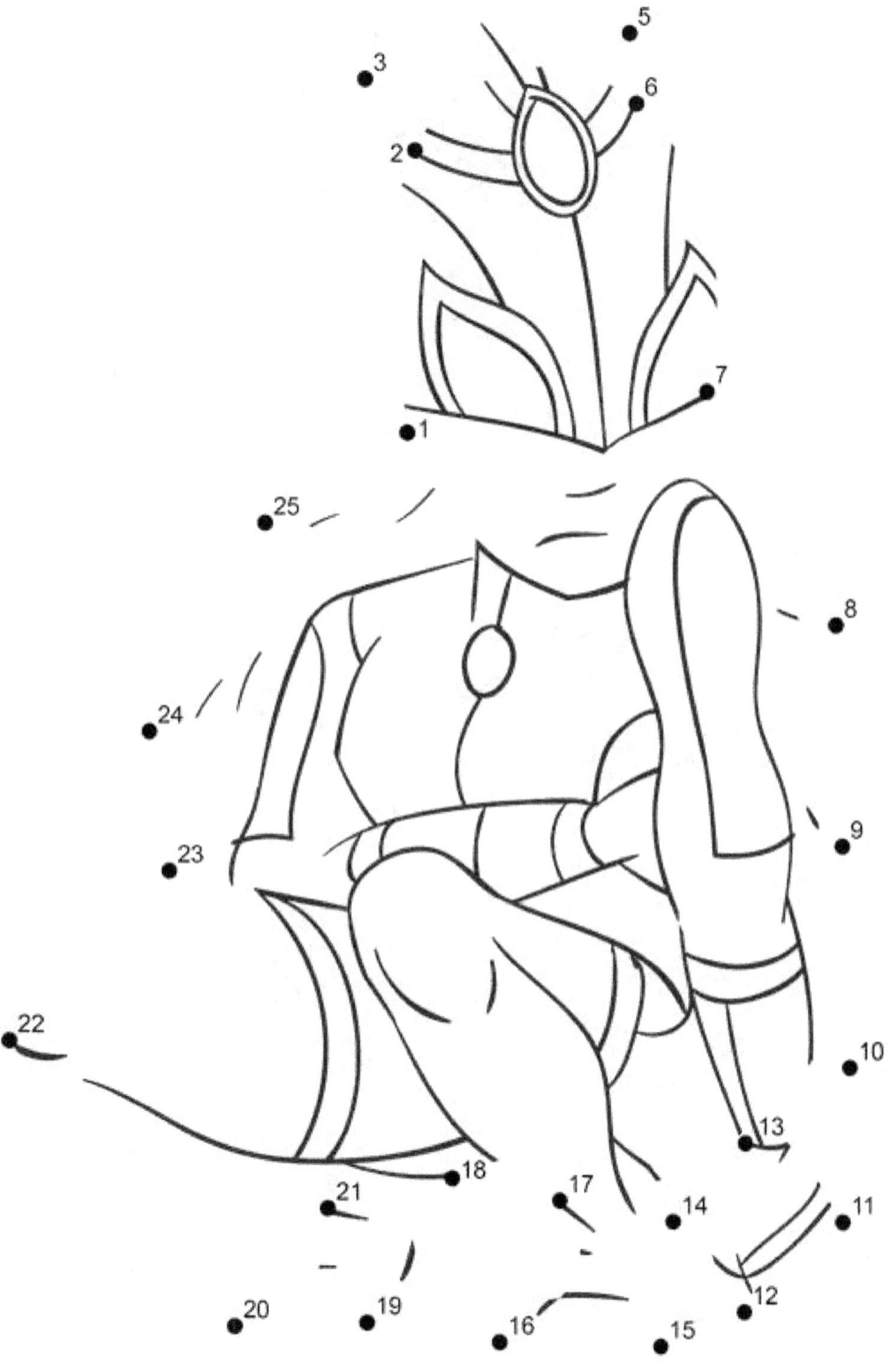

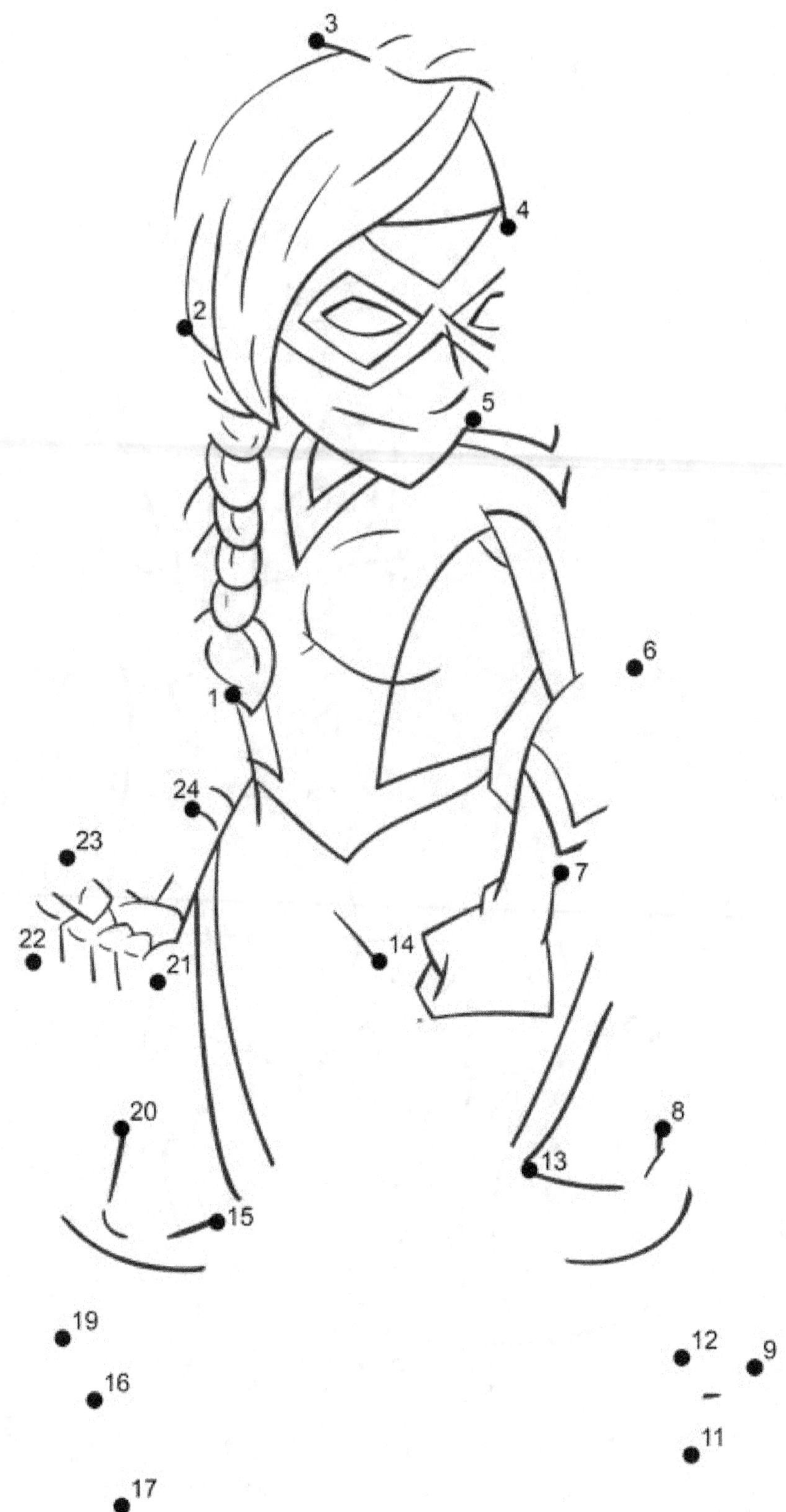

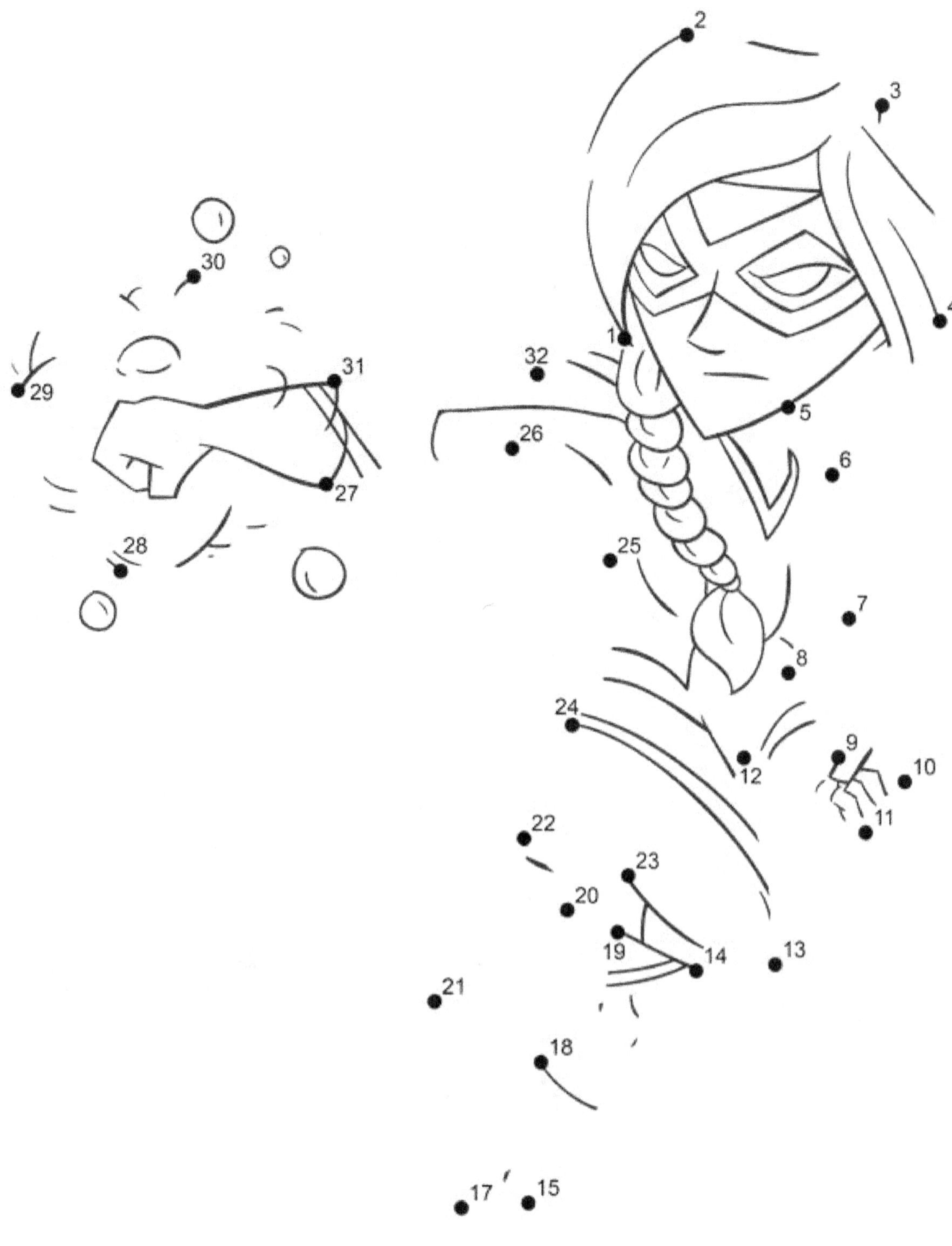

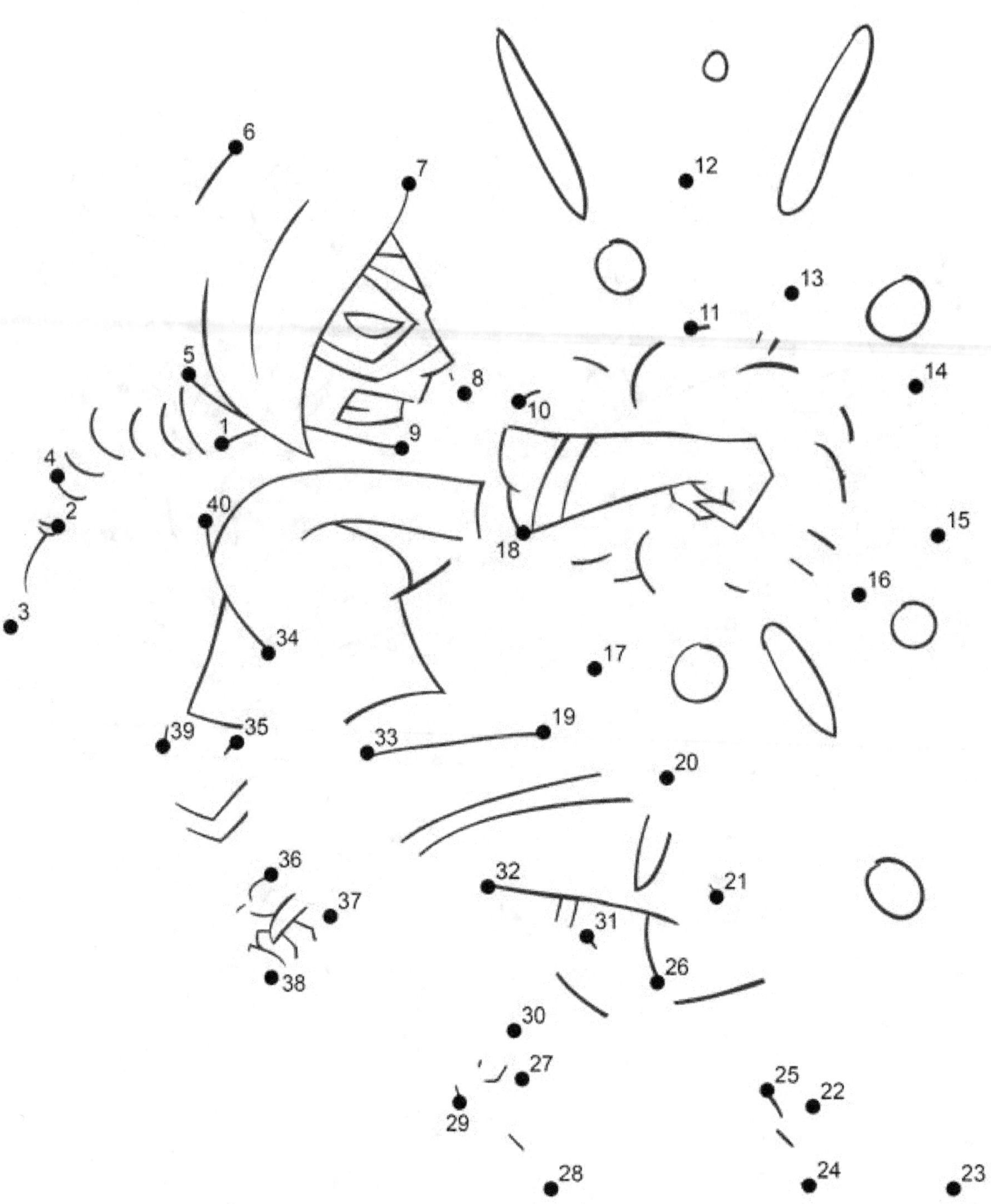

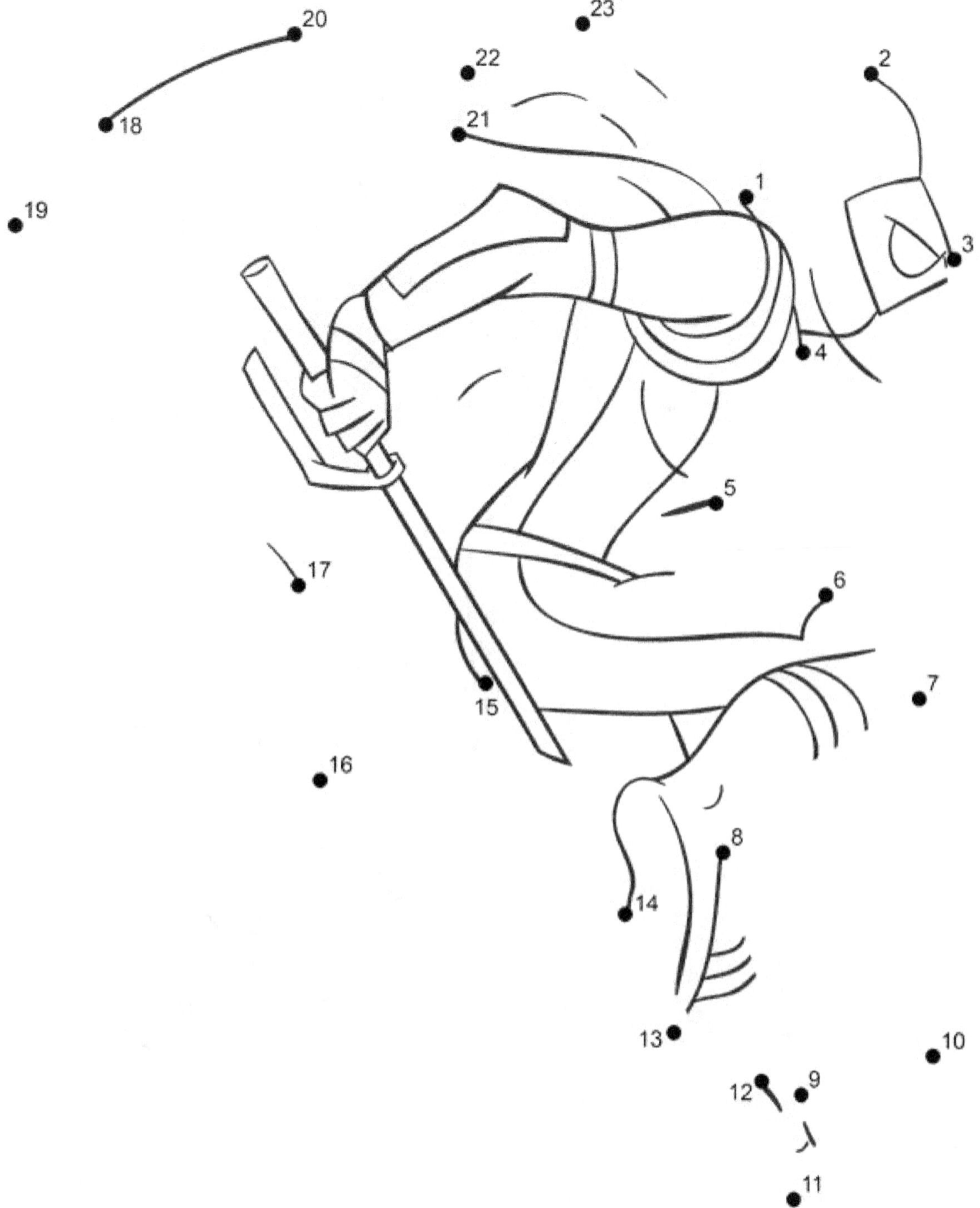

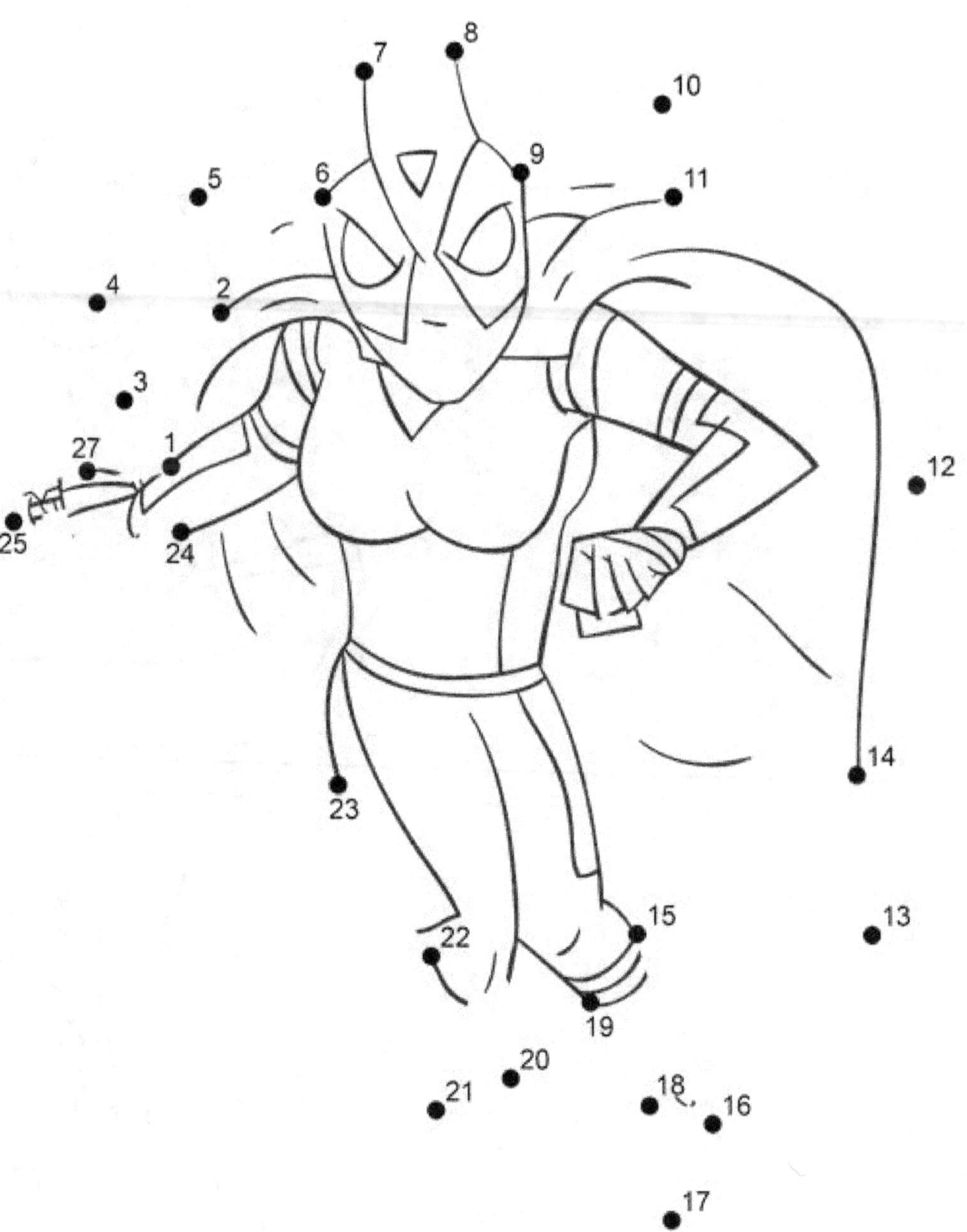

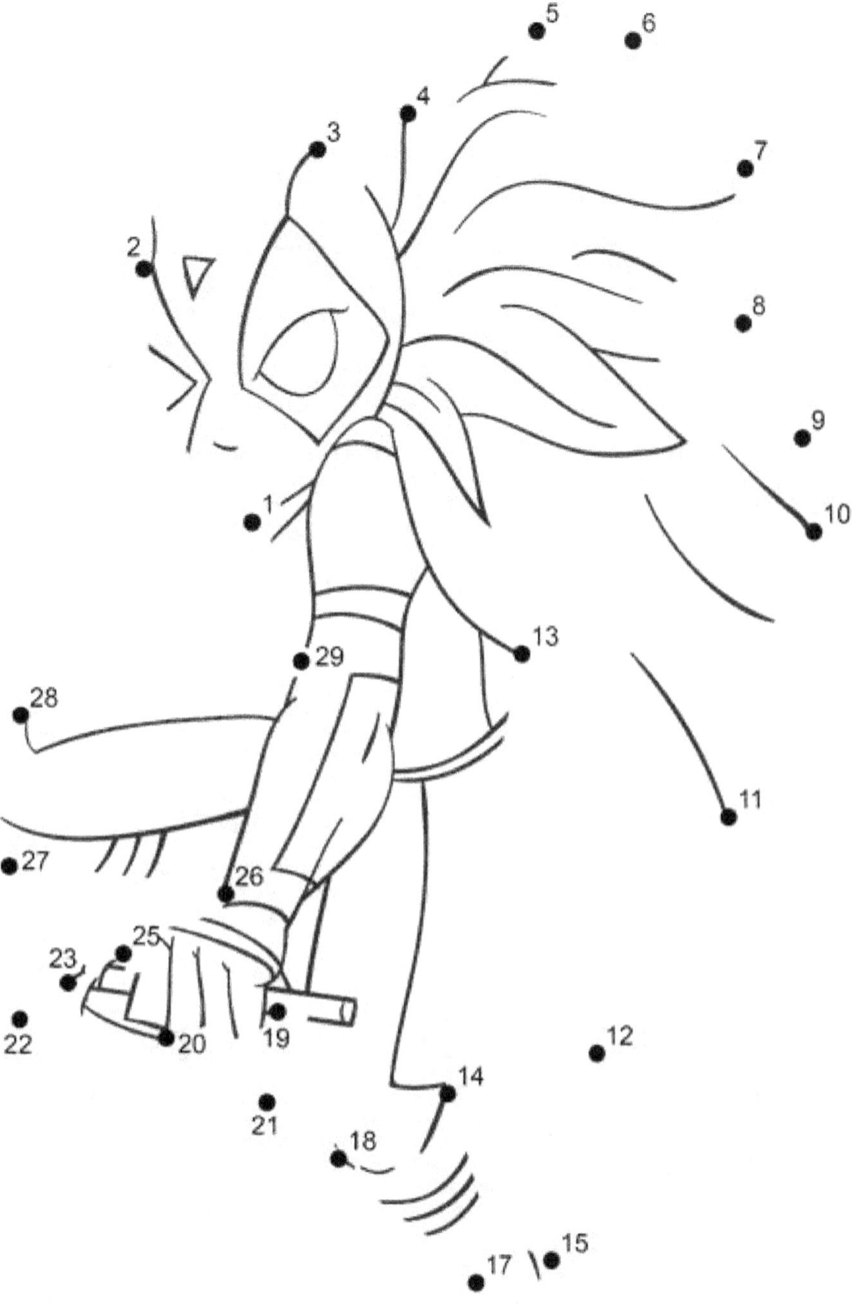

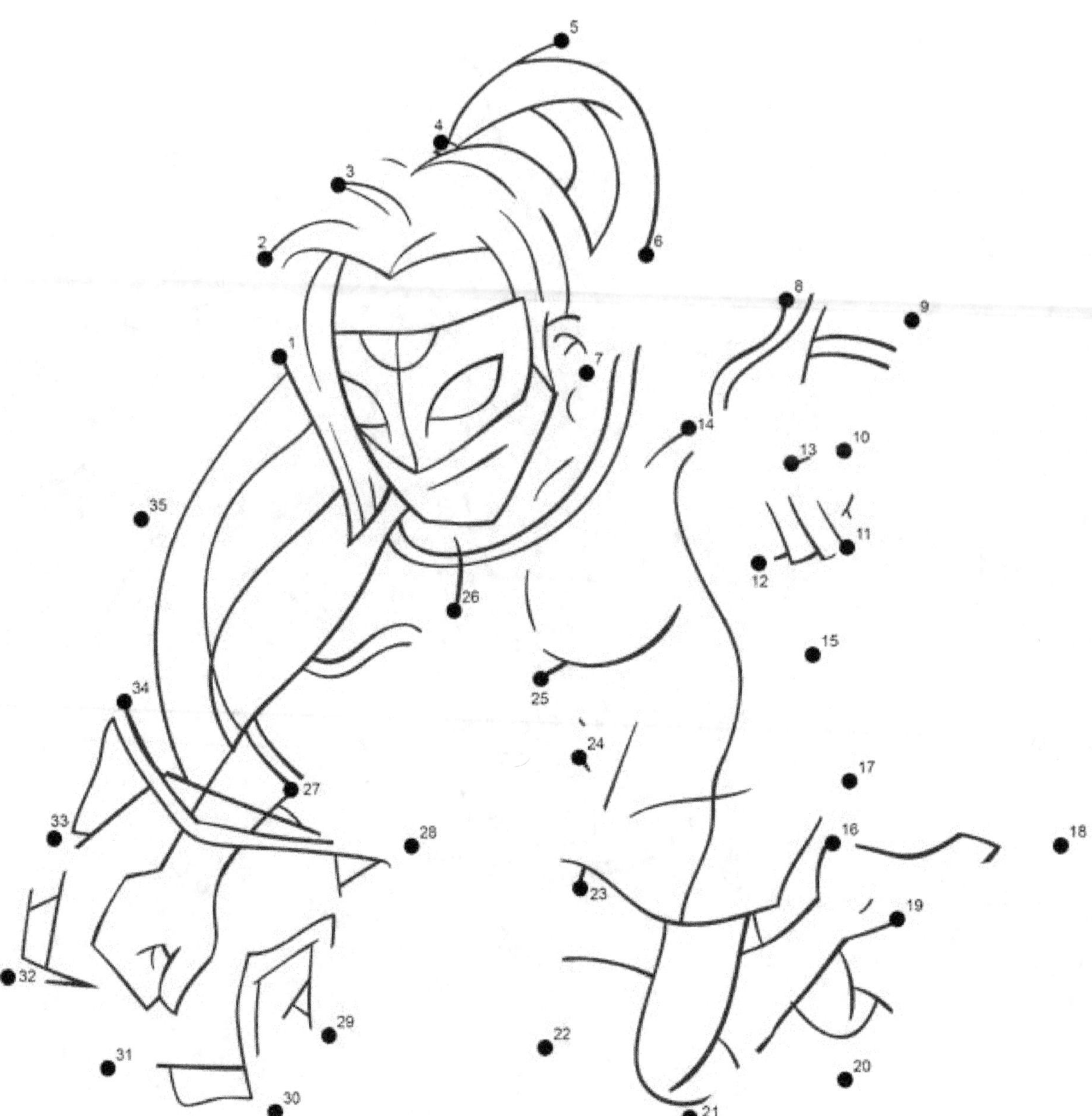

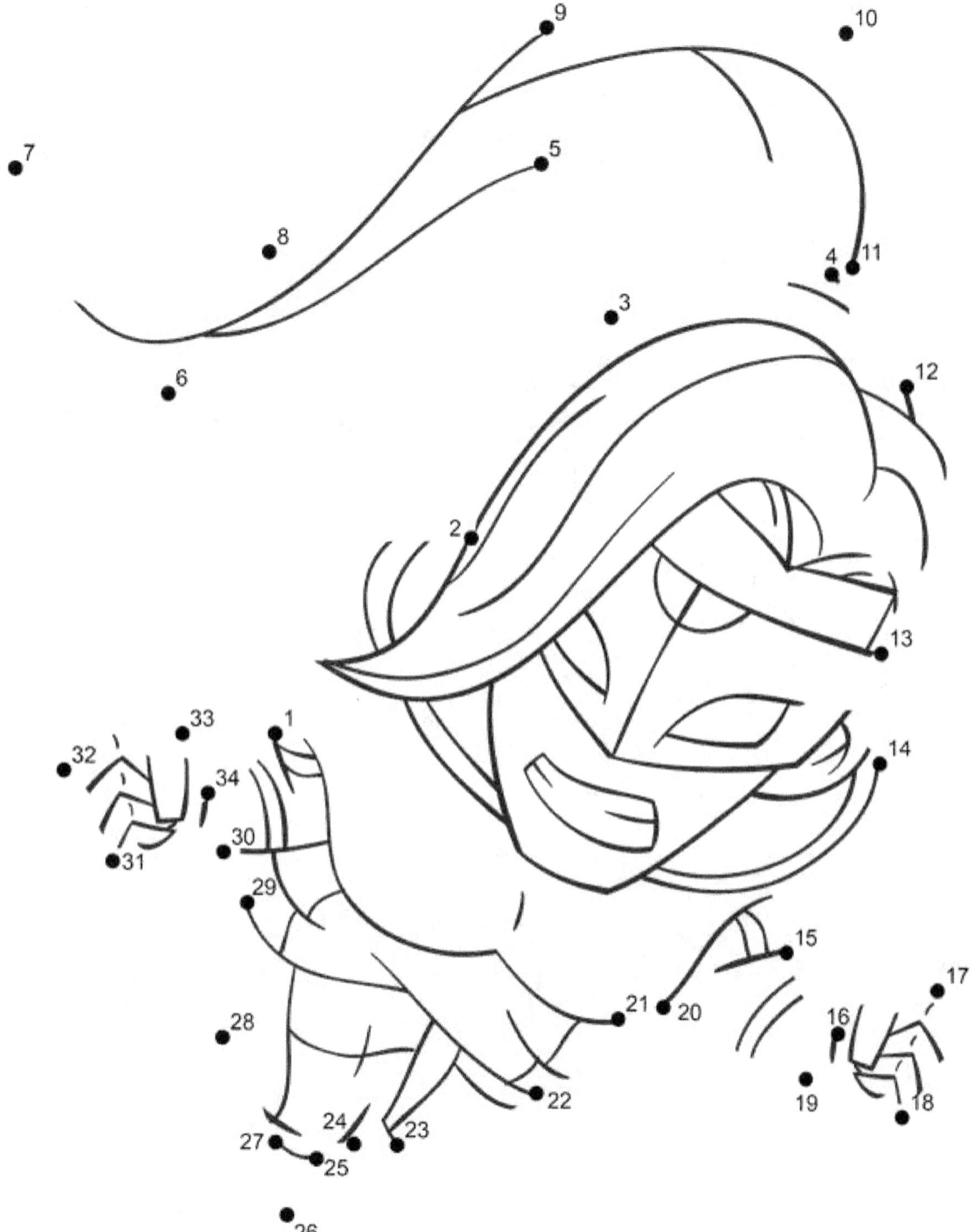

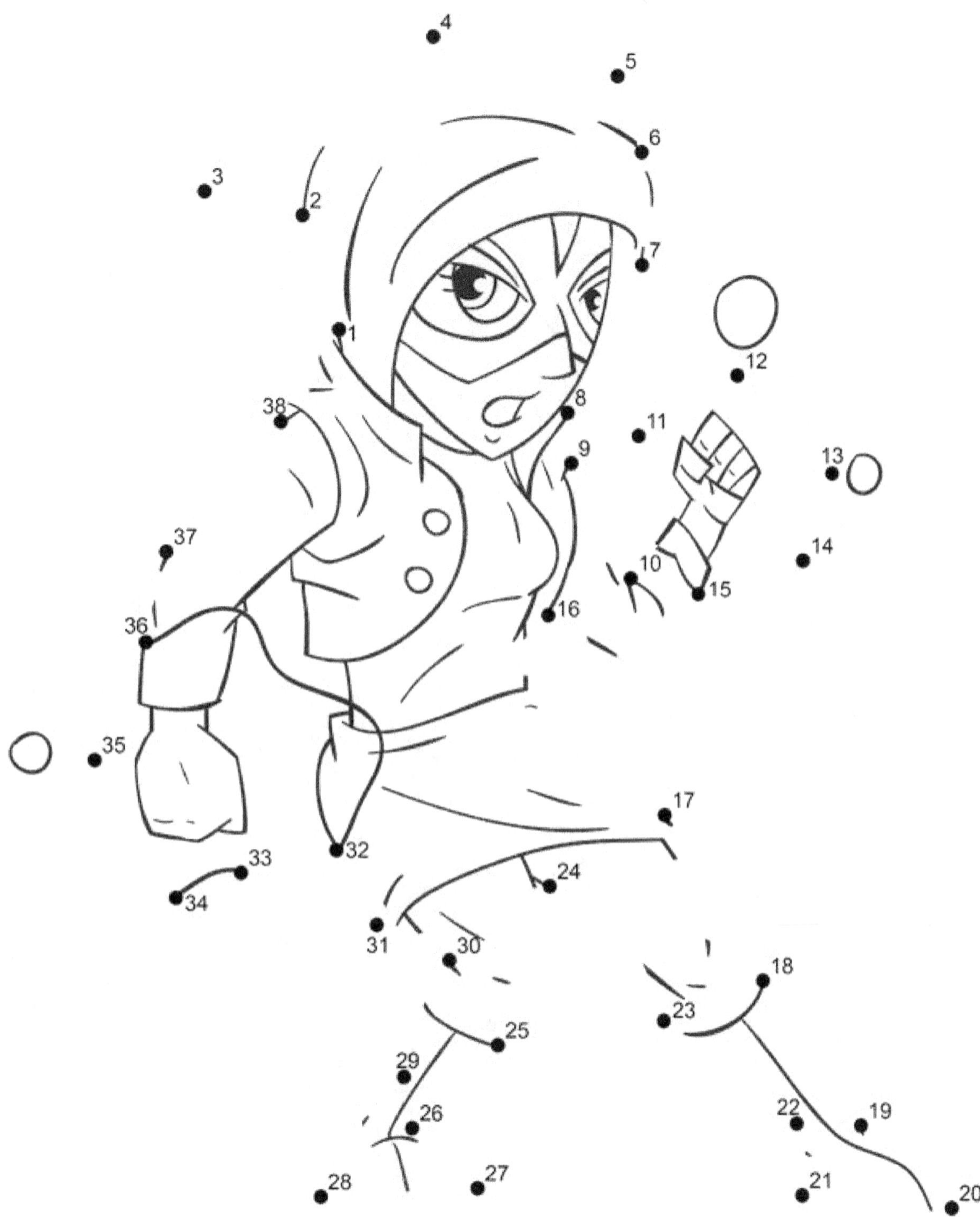

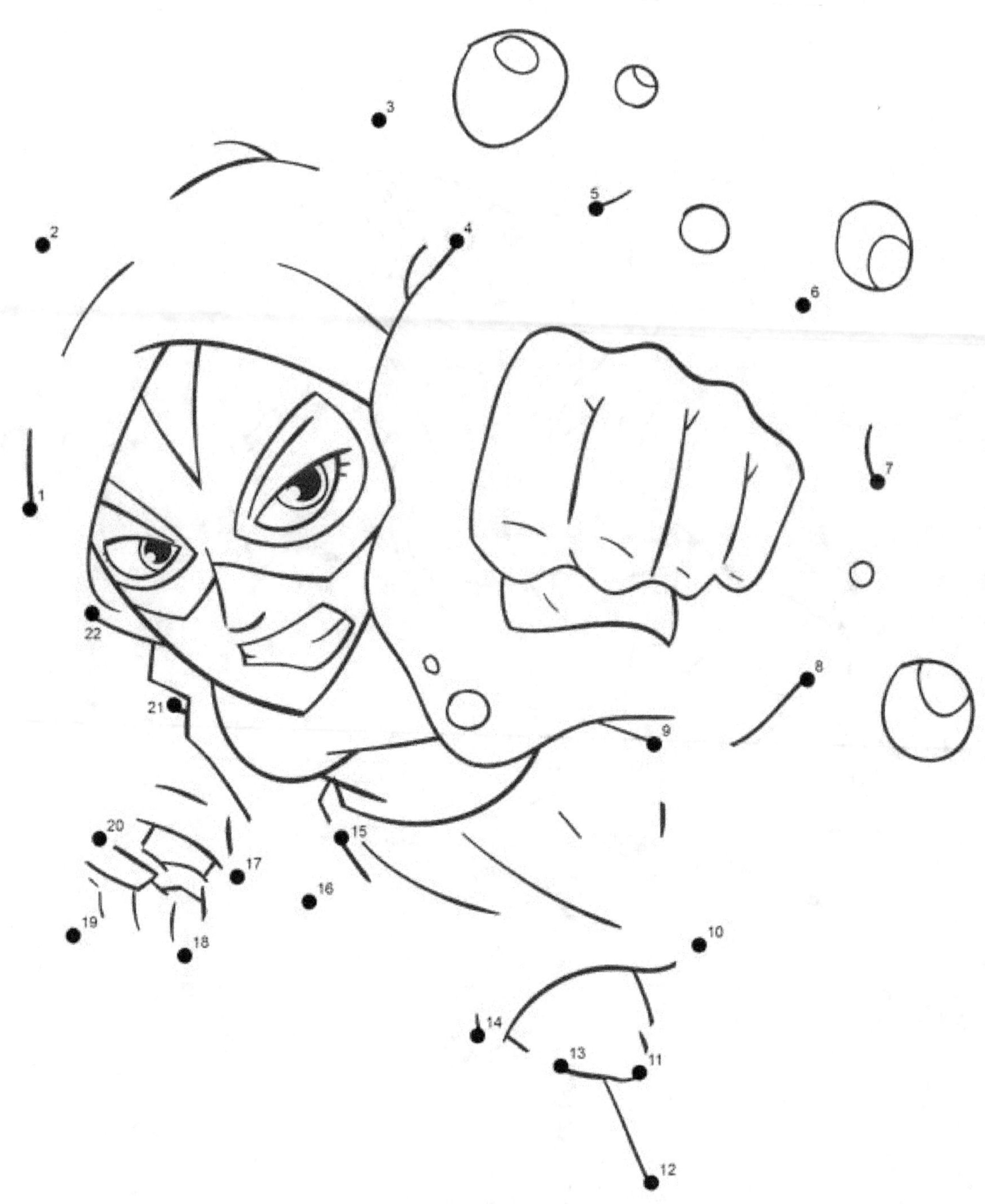

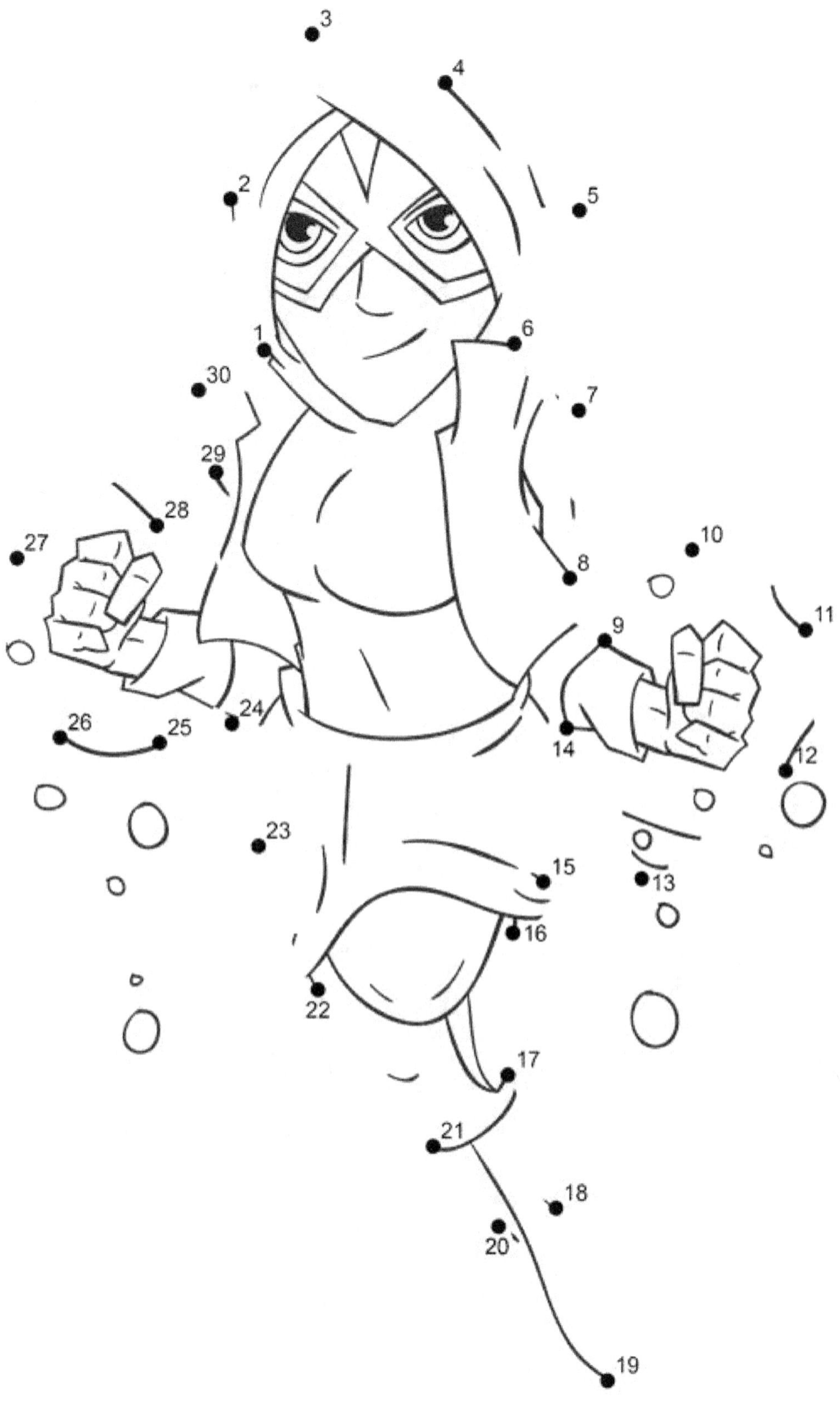

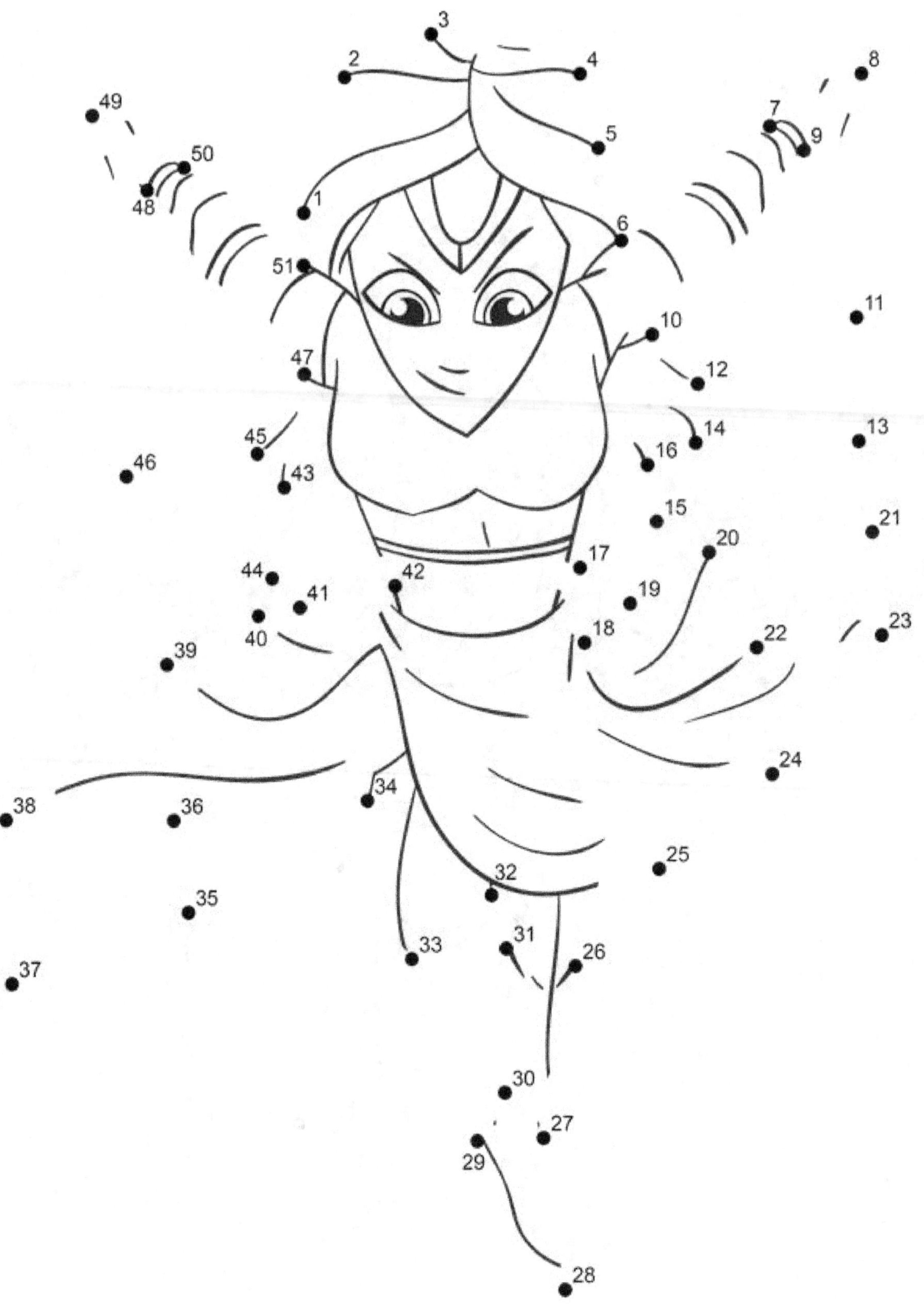